AF253578

EN AVANT, MARCHE !...

OU

RÉFLEXIONS

D'UN PROLÉTAIRE,

SUR LA POSITION POLITIQUE DE LA FRANCE,

suivies de

quelques considérations

sur le système gouvernemental;

dédiées à la Nation.

PAR HENRI AUBERT.

SECONDE ÉDITION.

PRIX : 30 c.

A PARIS ET A LYON,

CHEZ TOUS LES PRINCIPAUX LIBRAIRES.

Discours préliminaire.

La révolution de juillet venait de s'accomplir ;
l'auteur de cet ouvrage, ouvrant enfin son ame
à l'espérance que le despotisme en avait bannie ,
mû par un sentiment d'intérêt général et palpi-
tant de joie à l'aspect de cette noble bannière
que quinze années de malheur avaient fait re-
gretter si fort, et qui avait conduit nos phalanges
victorieuses sous les murs de Vienne et de Berlin,
se rappela notre vieille gloire et la crainte que
devaient inspirer aux monarques absolus nos
mémorables journées ; la nation a recouvré son
énergie (dit-il) , qu'ils viennent maintenant
avec leur huit cent mille baïonnettes imposer à
la France une dynastie parjure et qu'elle a hon-
teusement chassée de son territoire; qu'ils essaient
de comprimer l'enthousiasme national , et c'est
sur leurs cadavres que nous élèverons un trône

populaire ; le peuple est souverain : rois despotes, à genoux ; il va vous dicter ses lois. Hélas ! il s'est trompé, il avait rêvé un avenir de prospérité, et publia cette brochure en novembre 1830. Aujourd'hui les choses sont bien changées, le lecteur fera la différence entre ses deux époques si rapprochées et pourtant si contradictoires.

RÉFLEXIONS

D'UN PROLÉTAIRE

Sur la position politique de la France,

Dédiées à la Nation.

————◦————

Aurons-nous la guerre ou la paix? C'est une question qui s'agite partout, même à la Tribune.

Faut-il la guerre, ou devons nous rester en paix? Personne n'ose aborder franchement cette question, pas même la Tribune.

La guerre! la guerre! crient tous les Français, et le pouvoir est sourd aux clameurs de la Nation, des Représentans d'un peuple belliqueux, qui ne tira jamais l'épée sans faire trembler ses ennemis, temporisent, ne décident rien, raisonnent et n'agissent pas.

La guerre est inévitable! Si le canon n'a pas encore retenti sur nos frontières, c'est que nos ennemis attendent les funestes effets de notre incertitude, qu'on leur donne le temps d'allumer, parmi nous, le flambeau de la discorde! L'or circule en France comme le poison dans les veines d'un mourant; le clergé se tait, mais espère; la noblesse (cette classe privilégiée, qui sera toujours l'ennemie des peuples), recule pour mieux avancer, les despotes, sur les bords de l'abîme qu'ils ont creusé de leurs mains, nous menacent encore; le midi, ainsi qu'un serpent dont il faut craindre la piqûre, attend les fruits de l'intrigue, pour s'armer de poignards.

La guerre, la guerre, encore une fois, ou le mot de Liberté ne sera plus que le marteau dont on rivera nos fers! C'est la guerre que demande le commerce; des milliers de bras paralysés par les faux calculs du despotisme, et fatigués de tendre vainement la main à la porte d'un bureau de charité. La guerre! nous crient les manes des braves morts sur le champ d'honneur pour le soutien de notre liberté; leur sang a arrosé les champs ennemis, a coulé dans nos villes: une mère redemande son fils, une épouse son mari, la patrie répand des larmes de regrets sur les tombes de ces martyrs de l'indépendance, et le glaive de la vengeance nous serait ravi au moment où tous les bras sont prêts à frapper, où l'honneur, l'impérieux besoin nous dictent la loi de franchir nos frontières pour reprendre ce que l'on nous a arraché par la trahison, pour jeter les fondemens immuables du repos et du bonheur de la France.

La guerre enfin ! nous crient toutes les nations qui attendent le signal pour entrer dans nos rangs. Et nous resterions froids à tant d'agitation ! Nous refuserions nos secours à tant de peuples qui nous tendent les bras, comme l'on refuse un breuvage salutaire à un malade que l'on craint de rendre à la vie? NON (*).

Les ennemis cachés de notre indépendance, les amis d'un pouvoir que bien des hommes d'état regrettent, s'efforceront à persuader le peuple que la guerre est un fléau, que les cabinets étrangers ap-

(*) Dans le mois de novembre 1830, et en publiant la première édition de cet ouvrage, l'auteur crut devoir insérer le passage suivant :

Le Monarque de notre choix, ce Prince (quoique né sur les marches du trône) qui est devenu homme à l'école du malheur, soldat sur le champ de bataille, homme d'Etat au milieu des orages de nos révolutions, citoyen par le penchant de son cœur, qui a quitté les douceurs d'une vie privée pour se dévouer au bonheur de son pays, connaîtra nos besoins, veillera sur nous, et saura conjurer les malheurs qui nous menacent.

Mais, qu'il purge ses antichambres de ces courtisans, les bourreaux des rois, qu'il fasse sortir du conseil ces hommes qui ont blanchi pendant quarante années au service de tous les partis, qui font de la politique un métier, comme certains prêtres, un vil trafic de la morale; qu'il refuse l'entrée de nos

prouvent notre révolution, et que nous pouvons nous abandonner à la sécurité de goûter les douceurs de la paix.

Prenons-y bien garde, cette sécurité nous serait aussi fatale que celle d'Annibal à Capoue; c'est un palliatif, un amendement à ce que nous demandons, que nous avons conquis et sanctionné par le baptême du sang de nos frères! L'unanime et suprême volonté des peuples les arrête un moment dans la marche ténébreuse de leurs projets; ils ne peuvent résister ouvertement au torrent qui les a fait dériver; mais ils espèrent, ils nous flattent, nous adressent des paroles de paix, parce qu'ils savent que la guerre, maintenant, rendrait à la France sa splendeur, que le premier coup de canon serait une allumette qui incendierait les palais de tous les tyrans; le peuple rentrerait dans des droits long-temps méconnus, et qu'enfin, la misère ne serait plus le partage de tant de nations courbées et démoralisées sous le poids d'une

rangs à ces chefs militaires dont la postérité fera justice, et qui cherchent à s'y glisser comme le reptile vénimeux dans le sein de sa victime. Alors, la France sera rassurée, le Roi pourra saisir avec confiance cet étendard, l'effroi de nos ennemis, le planter au delà du Rhin, sur le sommet des Pyrénées et des Alpes, et le canon ne retentira dans les airs que pour être le signal de la victoire, de la chûte des tyrans et du repos des peuples.

Aujourd'hui il se borne à dire, NON!....

honteuse soumission, et comme ces hommes (profonds dans l'art de la dissimulation) savent que la misère et le fanatisme religieux sont le pivot du despotisme, ils portent nos couleurs, crient avec nous; vive la liberté! afin de captiver mieux notre confiance, nous conduire insensiblement à leur but en calmant notre effervescence.

Plus tard, si l'on n'y prend garde, lorsque nos ennemis seront en mesure, ils susciteront une guerre de convention qui aura pour but d'arrêter les progrès de l'affranchissement; le commandement de nos armées pourra être confié à des chefs de la trempe de celui dont 1814, 1815 et 1830 connaissent l'infame conduite, et dont la postérité imprimera l'histoire en caractères de sang, malgré les efforts de quelques-uns pour le blanchir dans le procès des ex-ministres. Nos frontières seront ouvertes à nos ennemis, nos campagnes dévastées ne présenteront plus que le tableau douloureux de la misère, et alors une nouvelle invasion, en mettant le comble à nos maux, nous rendrait des chaînes que nous ne pourrions plus secouer.

Peut-être même (fatale prévoyance) il serait dans les intérêts des puissances, dans l'intérêt du despotisme de nous rendre ce nouveau Tarquin, qui (n'en doutons pas) cherche dans les cabinets étrangers un Porsenna dont il consentira volontiers à être le vil instrument pour satisfaire son irrésistible penchant à la féodalité, à laquelle il eut voulu retourner graduellement par la misère, le fanatisme religieux et les baïonnettes étrangères.

Tandis que, si les hommes conduits au pouvoir avaient voulu marcher franchement avec le peuple, ils auraient (à peine notre révolution finie) porté des masses au delà de nos frontières; le sang héroïque des Belges se serait mêlé avec celui des martyrs de notre indépendance, pour défendre la cause sacrée de la liberté; les Prussiens (qui sont à notre porte) seraient déja repoussés au delà de leurs limites naturelles; l'Espagne (le foyer de l'aristocratie) aurait une constitution, si nous l'avions aidée franchement, et ne serait plus le point de réunion des Carlistes; l'Italie, si nous lui avions tendu la main, aurait chassé cent quatre-vingt mille Autrichiens qui occupent le Piémont, la clef de la France; la Pologne, victime de l'autocrate russe et qui expie aujourd'hui au fond de la Sibérie son amour pour la liberté, aurait repris son rang parmi les nations et arrêté l'ambition héréditaire du cabinet de Saint-Pétersbourg, et loin de craindre la guerre aujourd'hui, nos cœurs s'ouvriraient à l'espoir d'une paix longue et durable, en faisant, avec nos voisins, des traités de commerce, où les intérêts de tous seraient balancés.

En vain voudrait-on opposer que la France, fidèle à ses engagemens, ne devait point rompre des traités précédemment contractés avec les puissances; que si nous eussions adopté le système d'intervention en faveur de nos voisins, ils auraient à leur tour le droit d'intervenir contre nous; que nous n'étions point en mesure, et que pour mettre la justice de notre côté, il faudrait attendre que nous fussions attaqués. Sophismes, moyens indirects pour nous arrêter dans la carrière glorieuse de l'indépendance. Avaient-ils des armes, ont-ils attendu qu'on leur en donnât, les héros de la Bastille, les vainqueurs de l'Italie, qui, sans souliers, sans pain, marchaient toujours à la victoire ! Avaient-ils des armes, les braves Parisiens, pendant ces trois jours d'éternelle mémoire ? Non, ils n'avaient point d'armes, ils n'ont point attendu qu'on leur en donnât, ils les ont prises dans les rangs ennemis.

L'honneur de la France serait-il compromis par la prétendue infraction d'anciens traités? Non, le peuple, qui est la France, n'a point à redouter le plus léger reproche de sa conscience, puisque ces traités, qui servent de boucliers à certains hommes d'état, n'ont point été faits de son aveu.

Une dynastie depuis long-temps oubliée, qui réclamait des droits illusoires, puisque la France est la propriété de tous, et que le peuple a seul le droit de nommer ses chefs, est venue derrière les colonnes de l'ennemi, se servant de leurs baïonnettes acérées par la trahison, s'asseoir sur un trône, jadis l'orgueil de la France et l'effroi des nations; elle n'a fait que des traités de famille à famille, et non de nation à nation. La violence y a présidé ; la justice, la force du droit des nations ont brisé ces prétendus liens, qui servent encore de prétexte à quelques-uns.

Je l'ai dit et je ne saurais trop le répéter, la guerre est non seulement nécessaire, mais inévitable. Nécessaire, parce que le commerce, qui est la base de notre prospérité, est paralysé dans toutes ses branches par le malaise général et la cruelle incertitude de l'avenir qui nous est préparé ; qu'il ne peut reprendre de l'activité que par celle que lui donnera la guerre, qui nous promet des succès indubitables, dans un moment où tous les peuples nous tendent la main, nous traçant, pour ainsi dire, l'étendue de nos frontières rétrécies par les traités de famille, et que, reprenant enfin de cette prépondérance politique (le partage de notre position géographique), nous pourrons rendre au commerce cette protection qu'il réclame depuis si long-temps.

Elle est inévitable, cette guerre redoutée, parce que notre révolution (si nous savons lui donner une suite favorable), sape dans ses fondemens, le système aristocratique des Rois, qu'emportés par leur aveuglement, ils exposeront plutôt dix couronnes dans l'espoir d'en sauver une, que de marcher franchement sur une route qui leur est tracée par la raison, la justice et l'humanité.

Ainsi, puisque la guerre est non seulement nécessaire, mais encore inévitable, pourquoi ne pas la faire de suite, ne pas profiter de l'enthousiasme de la nation, dont le sommeil serait funeste à nos libertés (car il ne faut pas se le dissimuler, tel qui aurait affronté généreusement la mort, il y a trois mois, aujourd'hui volerait avec moins d'ardeur à la défense de la patrie). Pourquoi, dis-je, ne pas profiter du moment que les tyrans ébranlés peuvent tomber par la plus légère commotion, ne point *arracher* notre Monarque aux influences funestes de certains courtisans et ne pas le porter en triomphe, malgré la malveillance, sur ce chemin de la victoire, où nous verrons reverdir les lauriers de nos anciens braves.

Maintenant que nous avons parcouru rapidement la nécessité de faire la guerre, pour jeter les fondemens du bonheur et la prospérité de tous ; il est nécessaire de porter des regards attentifs sur les moyens de consolider notre édifice par une administration intérieure ; aussi sage que vigoureuse, afin que les abus ne se glissent point dans les détails, car les détails forment l'ensemble. Ceci sera l'objet d'une seconde partie, où je me propose de signaler bien des abus.

Eh bien, Messieurs du juste-milieu, qui voulez la paix à tout prix, et qui, pour la conserver, faites aux puissances absolutistes les plus honteuses concessions, les prévisions de ce brave citoyen se sont-elles réalisées ;

qu'est devenue cette liberté qui nous a coûté tant de sang, nos frontières sont-elles bordées de baïonnettes ennemies? la charte est-elle une vérité? les Belges sont-ils protégés? l'Italie est-elle soutenue? la Pologne est-elle sauvée? les patriotes sont-ils en place? les carlistes sont-ils vaincus? la guerre civile est-elle étouffée? la presse est-elle indépendante? la France est-elle respectée au dehors? sommes-nous menacés d'une invasion étrangère? le commerce est-il florissant? le peuple est-il heureux? Louis-Philippe est-il populaire? les décorés de juillet sont-ils assommés? etc., etc; enfin, répondez, puisque vous prétendez que votre administration est seule capable de régir la France nouvelle. Qu'avons-nous gagné à la révolution de 1830? ce que nous avons gagné, nous sommes les sujets de Louis-Philippe au lieu d'être les sujets de Charles X., voila tout, et du reste je vous vois venir, quand on vous parle des peuples nos frères que nous avons lâchement laissés égorger; seuls, dites-vous, nous avons conquis nos libertés. (Si nous sommes libres), seuls aussi ils devaient sauver les leurs, et pouvions-nous d'ailleurs nous mêler des affaires de chaque pays révolté? sans discuter sur ce point, je me bornerai à vous faire une observation: qu'un de vos amis ait une querelle avec plusieurs, serez-vous spectateurs tranquilles de ce combat inégal? non, ce serait une lâcheté. Voila pourtant ce que vous avez fait.

CONSIDÉRATIONS

SUR LE

SYSTÈME GOUVERNEMENTAL.

LA république est une chimère, elle est impossible en France, elle traîne après elle, les assassinats, la terreur, l'échafaud; tel est le langage de nos trembleurs politiques; ils vous rappellent 93 dès que vous en parlez, et vous traitent d'anarchistes, de fauteurs de troubles, de buveurs de sang. Cependant en 1830, Louis-Philippe, lui-même, se disait républicain, et son gouvernement n'était ou du moins ne devait être qu'un gouvernement monarchique entouré d'institutions républicaines, tous les partis s'étaient ralliés autour de ce trône populaire au pied duquel devaient expirer la guerre civile, la discorde, les dissentions politiques, plus de carlisme, fléau de la patrie, plus même de Napoléonisme, la souveraineté nationale est reconnue et consacrée par la glorieuse résistance du peuple; or, qu'est-ce qu'un peuple souverain ? Un peuple qui est maître , un peuple qui renverse un trône de sa propre volonté et en érige un autre sans s'inquiéter des conséquences de ce fait , sinon une république. Car le peuple français n'est pas seulement un homme, il se compose de trente − deux millions d'ames , et quand cette masse commande , agit, dirige, le gouvernement n'est plus monarchique , il est républicain ; pourtant dira−t−on , il y a une monarchie en France , puisqu'il y a un roi ! Oui, mais ce roi n'est qu'un délégué de la nation, c'est elle qui l'a placé sur le trône en lui disant nous avons conquis nos droits et nos libertés sous le soleil brûlant de juillet ; à qui refusera de le croire, nous lui montrerons du doigt Holy-Rood recelant une race de tyrans proscrits. Ta mission sera de nous protéger et de rendre à la France son antique splendeur, et d'améliorer le sort de la classe pauvre ; il reste donc bien établi que le peuple est souverain, avec un délégué, et que le pouvoir a grand tort de poursuivre avec tant d'acharnement les républicains, puisque la république est, pour ainsi dire, notre droit, notre existence politique et sociale, et la condition expresse de la royauté de juillet.

Imprimerie PERRET, rue St-Dominique, n. 13, Lyon.

LYON, IMPRIMERIE PERRET, RUE ST-DOMINIQUE, N. 13.

www.ingramcontent.com/pod-product-compliance
Lightning Source LLC
Chambersburg PA
CBHW051443060726

47596CB00006B/2604